ज़िंदगी रंग बिरंगी
खंड #२

कविताएं, दृश्य, और सवाल

श्याम सुन्दर बुलुसु

ISBN 979-8-89277-227-3

अस्वीकरण

इस संकलन में चित्रित सभी पात्र एवं परिस्थितियाँ काल्पनिक हैं। स्थितियों और जीवित या मृत व्यक्तियों से कोई भी समानता पूरी तरह से संयोग है।

मेरी स्वर्गीय जीवन संगिनी स्वर्णलता को समर्पित

विषय सूची

कुछ दृश्य

कुछ सवाल

अभिस्वीकृति

मैं नोशन प्रेस मीडिया प्राइवेट लिमिटेड, चेन्नई के प्रति अपना आभार व्यक्त करता हूँ। उन्हों ने मेरी ये कहानी प्रकाशित करने में मेरी प्रचुर सहायता और मार्गदर्शन किया है। यह मेरा दसवां पुस्तक है जो नोशन प्रेस ने प्रकाशित किया है। इसके बावजूद उनके शिष्टाचार, फुर्ती, समर्पण, और व्यावसायिकता बरकरार हैं।

मैं भाग्यशाली हूँ कि मुझे मेरी बेटी, समीरा बुलुसु मंडलीका की सहायता उपलब्ध थी। वे न सिर्फ़ मेरी दृढ़ समर्थक हैं बल्कि मेरी कटु आलोचक भी हैं। वे इस यात्रा में हर एक अक्षर, हर एक शब्द, और हर एक वाक्य में मेरे साथ थीं। उन्हों ने मेरे साथ हर एक भावना, हर एक उत्थान, और हर एक सूक्ष्मता का अनुभव किया था। उनके मार्गदर्शन और रचनात्मक आलोचना सराहनीय हैं।

– श्याम सुन्दर बुलुसु

कुछ कविताएं

मोहब्बत और कफ़न

याद है तुझे कभी हम से मोहब्बत करती थी?
इस नाते कम से कम कफ़न तो ओढ़ादेती हमें।

* * *

प्यार व्यार

हम एक दूसरे से बिलकुल अनजान थे,
पर एक दूसरे पर होगए फ़िदा।
हम एक दूसरे को अच्छे से जान गए,
तो एक दूसरे से होगए जुदा!

किसी ने सही कहा, "ज्ञान आँखें खोल देती है."

***

ख़ाली पलड़ा

ज़िन्दगी में कभी ये पूछने से पहले
कि 'पापा आपने मेरे लिए किया ही क्या है?'
एक बार उनके पाँव के छालों की ओर देख,
कि 'माँ आपने मेरे लिए किया ही क्या है?'
एक बार उनके हाथ के फोड़ों की ओर देख,
तुझे समझ में आएगा कि उन्होंने कितने
छाले और फोड़े अपने आप पर लिया है
एक बार उनकी धुंधलाती आँखों की ओर देख,
तुझे पता चलेगा तेरे हिस्से के आंसू कहाँ बह गए थे
तेरे पाँव के नीचे की गुलाब की पंखुड़ियां तो दिखीं
पर तुझे पता है वो अनगिनत कांटे कहाँ गए?
आज तू इतना बड़ा हो गया कि उनसे हिसाब मांग रहा है!
अपनी ज़िन्दगी का हिसाब करके देख,
तेरा पलड़ा ख़ाली निकलेगा!

***

अपनी पहचान

न रास्ते का पता न मंज़िल की ख़बर
तेरा साथ छूटने के बाद।
मैं अकेला तो क्या? अपने आप को पहचाना
दिल टूटने के बाद।

***

हरियाली और मोड़

चली जा रही थी ज़िन्दगी के रास्ते पर दूर क्षितिज की ओर
तेरे हाथ में हाथ डाले हुए निश्चिन्त होकर।
अचानक रास्ते में एक मोड़ पर तू ने रोका।
दूर पहाड़ों के नीचे सुन्दर, लहराती हरियाली दिखी।
तू ने कहा, "अभी आता हूँ" और उस हरियाली की ओर चला
गया।
समय बीतता गया और मैं तेरा इंतज़ार करती रही, करती रही।
न क्षितिज मिला, न ही तू लौट कर आया।
आँखें धुंधला गईं और हरियाली भी सूख गई।
फिर भी मैं उसी मोड़ पर खड़ी रही कि तू अब आए तब आए।
पर न तू आया, न ही तेरा "अभी" अभी तक आया।

***

किश्त

अगर मैं ने मुक़म्मल ज़िन्दगी चाही तो क्या गुनाह किया
जो मुझे किशतों में सज़ा-ए-मौत मिली?

***

वक़्त वक़्त की बात

वक़्त का क्या,
कभी ये लड़खड़ाए तेरी तलाश में, तो कभी दौड़े तेरी आगोश में,
या फिर थमे रहगुज़र-ए-ज़िन्दगी पे तेरी फुरक़त में।
ये तो वक़्त वक़्त की बात है।

***

एक रुका हुआ फ़ैसला

मैं भी यहाँ हूँ, तू भी यहाँ है
बीच में वक़्त थम सा गया है।

न लाड़ है न दुलार, न यारी है न प्यार
ज़िन्दगी बन गई रोज़ रोज़ की तक़रार।

भुलादिया तू ने बुनियादी तारुफ़
शादी न रह कर बन के रही तक़ल्लुफ़।

बोझ बनी अपनी संगत, अब नहीं ख़ौफ़-ए-फ़िराक़
फ़िर क्यों रुका हुआ है तेरा मेरा फ़ैसला-ए-तलाक़?

***

रुख़सत-ए-धड़कन

मेरा दिल अब भी धड़क रहा है या नहीं, मुझे क्या पता?
तेरी रुख़सत के बाद मेरे सीने पे तेरा सर जो नहीं है आज कल।

***

कल तुझको देखा था

कल जब मैं तनहा बैठा हुआ था तेरी आवाज़ आई।
"मुझे देखना चाहता है?"
मैं ने कहा, "हाँ।"
"तो ज़रा बहार आकर देख।"
मैं बालकनी में जाकर देखा।
तेरा धुंदलाता रूप आसमान में उड़ता दिखा।

***

मेरी आवाज़ सुनो

अरे भाई, गुस्सा क्यों करते हो? तेरी गाड़ी की हॉर्न कैसे सुन सकता हूँ जब मेरे दिल के टूटने की आवाज़ तक नहीं सुनाई देती है?

***

ग़म-ओ-ज़ख़म

बेइंतिहा इतनी होगई मेरी मोहब्बत तेरे लिए,
अज़ीज़ बने तेरे ग़म, मीठे लगे जो ज़ख़्म तू ने दिए।

***

विलम्बित विलाप

तेरी आँखों में फ़िर से झांकना चाहता हूँ
तुझसे फ़िर से बातें करना चाहता हूँ
जिन में सिर्फ़ तबस्सुम की बिजलियाँ हुआ करती थीं
उन आँखों में मेरी वजह से फ़क़त आंसू ही आंसू हैं
ये क्या कर दिया मैं ने?

मेरे सामने बैठी रहती है तू
पर तेरी रूह कहीं दूर खोई रहती है
तेरी खिलखिलाहट से गूंजती थी अपनी दुनिया
उन होंठों पे अब चुप्पी ने अपना घर बनालिया है
ये क्या कर दिया मैं ने?

पुरुष अहंकारी और स्त्री द्वेषी था मैं
तेरे व्यक्तित्व को ही मिटा दिया मैं ने
न सज़ा देती है न ही माफ़ करती है
ऐसा जुल्म ढाया है तुझ पे मैं ने
ये क्या कर दिया मैं ने?

***

प्यार - रूह से महसूस करो

प्यार कोई हादसा नहीं जिसमें लोग अकस्मात गिरजाते हैं।

प्यार की परिभाषा सिर्फ़ स्त्री-पुरुष तक सीमित नहीं है। प्यार फ़क़त "अय लव यू" या "एक कोका कोला में दो स्ट्रॉस" तक सीमित नहीं है। ऐसा प्यार, पहली नज़र में प्यार सिर्फ़ शारीरिक आकर्षण होता है। प्यार एक एहसास है जिसे रूह से महसूस किया जा सकता है।

इसकी आगोश में माँ, बाप, भाई, बहन, मित्र, और आम इनसान के साथ जो प्यार होता है उसकी अनुभूति भी सिमटती है।

प्यार एक वादा है, एक साथ है, एक वफ़ा है, एक एहसास है, एक प्रतिबद्धता है जिसे मरते दम तक ख़ुशी ख़ुशी निभाना है।

प्यार एक पहाड़ जैसा है जिसके शिखर तक पहुँचने के लिए करना पड़ता है परिश्रम, प्रयास; कठिनाईयां उठानी पड़ती हैं, और जब शिखर पर पहुँचते हैं, ऐसा लगेगा कि सारी दुनिया अपने क़दमों में है। जीवन के प्रति अपना परिपेक्ष्य बदल जाता है। एक जीत का, एक फ़तह का एहसास होता है जिसे ता ज़िन्दगी संभाल कर रखना है।

***

ग़म-ए-जुदाई

काश तुम और मैं हम होते

तुम्हारे सारे ग़म मेरे ग़म होते

तुम्हारे हर रंज से मेरे नैन नम होते

मगर हुआ ऐसा कुछ नहीं,

और अब ख़ुदा से ये गुज़ारिश है

मेरे जीवन के दिन और कम होते

***

माँ का साया

तेरी कोख से जनम दिया
मुझे धरती पे लाया है।
दुनिया के सारे सुख
तेरी गोद में पाया है।

ओ माँ...ओ माँ

तेरे हाथों को थामे
मैं ने चलना सीखा है।
तेरे लाड़-ओ-प्यार बिना
मेरा जीवन फीका है।

ओ माँ...ओ माँ

मेरे बदन के राग राग में
तेरा खून दौड़ रहा है।
मेरा जीवन सजाने को
क्या क्या सितम सहा है।

ओ माँ...ओ माँ

अब बस आराम तू कर

तेरी सेवा का मौका दे।
अब से घर के भीतर
मेरे पसीने को बहने दे।

ओ माँ...ओ माँ

***

फ़िक्र-ए-अंजाम

इरादा पक्का है कि आज इज़हार-ए-इश्क़ कर ही दूँ।
अपनी ज़िन्दगी का मुस्तक़बिल तेरे हाथों सौंप ही दूँ।
तू अपनाए या ठुकराए, तेरा फ़ैसला सर आँखों पर,
मुद्दतों की फ़िक्र-ए-अंजाम को आज हवा में उड़ा ही दूँ।

***

एक रात

फुर्क़त-ए-हमसफ़र में ये रात मेरी ज़िन्दगी से लम्बी होगई है।
एक रात कट नहीं रही, कैसे कटेगी बाक़ी ज़िन्दगी?

***

एक अलग क़ायनात

मेरे जीवन में तेरे आनेसे मेरी क्या कुल क़ायनात की तारीफ़ ही बदल गई, तो मैं क्या कर सकता हूँ?

***

विचक्षण

अच्छे बुरे के बीच का विचक्षण सार्वत्रिक नहीं है। गर ऐसा होता तो एक ही चीज़ एक के लिए अच्छी और दुसरे के लिए बुरी कैसी? ये तो परिपेक्ष की बात है, यार!

***

तो क्या?

तुम मुझे छोड़ कर जा रहे हो तो क्या,
मेरे दिल में सुनहरी याद बनके सदा रहोगे।

तुम हमारे सतरंगी सपनों को भूलगए तो क्या,
मेरी आँखों में हमेशा उनका दीदार करती रहूंगी।

तुम ने सात जन्मों का वादा ठुकरादिया तो क्या,
मैं हर जनम तुम्हारे इंतज़ार में गुज़ारलूंगी।

तुमने हमारे रूहानी रिश्ते को तोड़ दिया तो क्या,
मैं अपने चाक-दिल को जोड़कर जीनेलगूंगी।

तुम मुझे आंसुओं के समंदर में डुबोकर चलदिए तो क्या,
मैं तुम्हारेलिए ख़ुशियाँ ही ख़ुशियाँ बिखेर जाऊंगी।

अरे! ये क्या? तुम रुक क्यों गए?

***

प्यार और पछतावा

प्यार एक ऐसा जज़्बा है जिस में
कुछ लोग खोकर पछताते हैं, और
कुछ लोग पछताकर खोते हैं।

***

गुनाह और सज़ा

जब छोड़कर जाना ही था
तो हम से मिले थे क्यों?

रिश्ते को तोड़ना ही था
तो प्यार के ये सिलसिले क्यों?

रिवाज़ों के ख़िलाफ़ लड़ने का वक़्त था
तो तुमहारे होंठ थे सिले क्यों?

अपनी ख़ुदग़ार्ज़ी का तारुफ़ देना ही था
तो ये रहमदिली के नाटक भले क्यों?

तुमने किया तो किया सितम पे सितम किया था
मगर ये बेरहमी इस मासूम छेहरे तले क्यों?

जब ख़ुदा अता करेंगे तुमहारे गुनाह की सज़ा
मेरे दिल में होंगे दर्द के वलवले क्यों?

***

बे-रूह

अपनी हयात से मेरी शिक़ायत बस इतनी कि ख़ुदा ने मेरी उम्र का लिहाज़ नहीं किया।
मेरे जीते जी मेरी रूह को मुझ से छीन लिया।

***

पहली तारीख़ का ग़म

चाँद क्या, तारे क्या, सारी कायनात क्या,
तेरी ख़ुशी की ख़ातिर अपनी जां भी लुटा दूंगा।
मगर, ये कभी न गाना, "ख़ुश है ज़माना आज पहली तारीख़ है"।

***

फ़िर एक सुनहरी सुबह

वो सतरंगी शाम कैसे भूलसकती हूँ जब मैं तेरे रंग में रंग गई थी
थी!

मेरी ज़िन्दगी ने एक ऐसा मोड़ लिया था जो प्यारभरा था, विश्वास-
भरा था।

तेरी ऊँगली पकड़ मैं ने अग्नि को साक्षी मानकर तेरे साथ सात
फेरे लिए थे।

उस रात को मैं तन मन से परिपूर्ण रूप से तेरी होगई थी।

मगर अफ़सोस, मेरी प्रेम कहानी का अंत अगली सुबह से ही
शुरू होगई थी।

प्यार की जगह लेली नफ़रत ने, इज़्ज़त की जगह तिरस्कार ने।

वक़्त बीतता गया और मेरे हालात बद से बदतर होते गए।

प्यार के शब्द गुम होगए गलियों की बौछार में।

लाड, दुलार तब्दील हुए लात और मारपीट में।

ज़िन्दगी असहनीय होगई है और मैं मायके वापस आगई हूँ।

ऐसे स्त्रीद्वेषी पति और ऐसे क्रूर परिवार में रहकर शादीशुदा
कहलाने से बेहतर है उन्हें त्यागकर तलाक़शुदा कहलाना।

मेरे कमरे की जांगले से फ़िर एक सुनहरी सुबह गोचर होने लगी
है।

***

सदैव तुझ पर निर्भर

झगड़ा हुआ, फ़िर से बातचीत बंद हो गई हम दोनों के बीच।
आंसू बहाते बैठी थी तू मेरी बेमुरव्वती की वजह से।
फ़िर, एक फ़ोन कॉल आया और मुसीबत टूट पड़ी मुझ पर।
मैं मुड़कर आस-भरी नज़रों से देखा कि मेरे पीछे तू है या नहीं?

***

मेरा गुरूर

माना कि तुझसे हूँ बहुत दूर
पर तेरे ख्यालों में हूँ ज़रूर
तेरा हूँ, करता हूँ इसका गुरूर
कभी न उतरे इस जाम का सुरूर।

***

अश्क जो नहीं बहे

इस दिमाग़ी ताक़त का क्या करूँ जो दिल के टूटने पर भी दो अश्क बहाने न दे?

***

तबाही-ए-ख़्वाब-ओ-ख़्वाहिश

45

हक़ीक़त में तर्जुमाँ नहीं हुए मेरे बेइंतिहा ख़्वाब अभी
हासिल नहीं हुईं मेरी हज़ारों ख़्वाहिशें अभी
रुख़सत हो गया है उनका ख़ज़ाना, फ़िर न लौटेगा कभी
मगर मुकम्मल नहीं हुई तबाही मुझ बदनसीब की अभी

***

डोर-ए-ज़ीस्त

टूटे हुए डोर-ए-ज़ीस्त के दूसरे छोर की नाकामयाब तलाश में
खोया हुआ गुमशुदा ग़म-ज़ादा हूँ मैं।

***

यादों की मेहरबानी

जब जब बाग़ में चमेली खिलेगी
लगेगा ज़ुल्फ़ लहराई तेरी।

जब जब फ़लक पर चाँद उठेगा
महसूस होगी मुसकराहट तेरी।

जब जब पंछी चहचहाएगी
खिलखिलाहट छाजाएगी तेरी।

जब जब अंबर केसर लिबास ओढ़ेगा
लगेगा मांग भर रही हो तेरी।

जब जब सबा मेरे गालों को चूमेगी
कोमल गुलाबी होंठ महसूस होंगे तेरे।

तू चली गई तो क्या
तसव्वुर में है मेरे तसवीर तेरी।

तेरे बग़ैर ज़िंदगी मुश्क़िल ही सही
काफ़ी है मेहरबानी यादों की तेरी।

***

अनंत

ज़िंदगी की हक़ीक़त से मुंह मोड़ना कैसा
प्रकृति की नियमों से आँख चुराना कैसा
उज्जवल दिन के बाद सियाही रात जैसा
रंगीन वसंत के बाद उदास पतझड़ जैसा
दुःख सुख की श्रृंखला तो अनंत है
ग़म के आंसुओं के बाद खुशियों की मुसकान जैसा।

***

ज़र-परस्ती

फ़िर एक बार हुई आशिक़ की शिकस्त
बेचारा मुफ़लिस दिलवाला करे तो क्या करे
जीत गया ज़ालिम बेईमान ज़र-परस्त

***

दुविधा

दिल के टूटने से रिश्ता टूटता है,
या...
रिश्ते के टूटने से दिल टूटता है?

***

नाज़ुक दिल

बार बार दिल तोड़ती रही
दिल तोड़ना तेरी फ़ितरत है।
कमबख़्त ये दिल करे भी तो क्या करे
बार बार टूट जाना इसकी फ़ितरत जो है।

***

सुप्त शक्ति

सूरज की रौशनी में जब समर्थकों की होड़ लगी रहती है तब नहीं,
तुम ख़ुद में सुप्त शक्ति को पहचाहनोगे जब अमावस के अंधकार
में अपने आप को अकेला पाओगे।

***

नो एंट्री - मोहब्बत

बावजूद इसके कि तुमने मेरी मोहब्बत को अता की नामंजूरी,
मेरे वजूद का ज़र्रा ज़र्रा तेरी सलामती की दुआ करता है खुदा से।

***

दवा, दारू, और ग़म-ए-दिल

न दवा से मिटता है, न दारू से दबता है,
दिल के टूटने का ग़म ता ज़िन्दगी दुखाता रहता है

***

प्यार की परिभाषा

तुमहारे गिड़गिड़ाने से जो मिलता है वो प्यार नहीं कहलाता। प्यार कोई सौदा नहीं है। प्यार कोई मंज़िल नहीं है। प्यार एक दो-तरफ़ा जज़्बा है। प्यार आपसी सम्मान पर आधारित एक विश्वास भरा सफ़र है जीवन के दो भागीदारों का।

***

अतीत

अतीत से सीख लेना ज़रूर बुद्धिमानी होती है।
मगर अतीत में ही जीते रहना मूर्खता होती है।

***

वीरान उफ़क़

हो सके तो कभी मुझे याद करना। मैं वही हूँ जो तुम पर जान छिड़कती थी। मैं वही हूँ जिसकी तुम क़समें खाते थे। अब क्या हो गया, तुमहारे उफ़क़ पर मेरा उगना नहीं होता?

***

बंद दरवाज़ा

ज़िन्दगी में कभी तुमहे ग़मगीन पल सताएंगे, जब तुमहे मेरी कमी महसूस होगी और मेरी सांत्वना की ज़रुरत महसूस करोगे तो ज़रूर मुझको याद कर लेना। अपने प्यार भरे अतीत की ख़ातिर इतना तो हक़ बनता है तुम्हारा। लेकिन उम्मीद मत करना कि मैं तुम से मिलूं, तुम्हारा हाथ थामूं और चंद मरहमी शब्द कहूँ। उस दरवाज़े को तुम ने हमेशा के लिए बंद कर दिया था। मैं उस मुकाम से बहुत आगे बढ़ चुकी हूँ।

***

ऐब तलबगार

आज अजनबी अपने लगने लगे हैं तुझे।
ताज्जुब नहीं, अपनों में ऐब ही ऐब नज़र आते हैं अब तुझे।

***

ग़म-ए-फुरक़त

तू नहीं तो तेरी याद ही सही
तुझ से बिछड़ कर मैं बर्बाद ही सही
ख़ुदा जो अता करेंगे हर वो तेरा ग़म
क़ुबूल है मुझे ये तनहाई भी सही

***

ब्रेक-उप की वजह?

आंसुओं की बेइंतहा धारा भी बुझा न पाई तेरे ग़म में सुलगते दिल को मेरे। कहने सुनने के रिश्ते को तोड़ दिया था तू ने हमेशा के लिए। फ़िर भी पूछता हूँ, "क्यों किया तू ने मेरे साथ ऐसा?"

***

टूटा हुआ भरोसा

भरोसा जीवन भर की फ़सल है और इस पर लगातार काम करते रहने की ज़रूरत है। एक बार टूट जाने के बाद, इसे फ़िर से एक पल में नहीं बनाया जा सकता है। "मैं तुम्हें माफ़ करता हूं" की कोई राशि इस परिस्थिति को सुधार नहीं सकती। यह उस व्यक्ति पर निर्भर है, जिसने इसका उल्लंघन किया है, कि वह टूटे हुए भरोसे को पुनः प्राप्त करने के लिए ईमानदारी और धैर्य से काम करे।

***

आशिक़ का जनाज़ा

जब मैं भटक रहा था अपने नीरस जीवन पथ पर
तेरी तबस्सुम की बिजलियाँ मुझ पर चमकाई क्यों?

जब मैं ने कोई उम्मीद नहीं रखी थी तुझ से
तू ने मुझ से प्यार जताया क्यों?

जब प्यार भरा घर बसाने के ख़्वाब देखने लगे
अचानक मेरी मुफ़लिसी की औक़ात पे ऐतराज़ क्यों?

जब मुझ बंजर भूमि पर वसंत ऋतू बन छा गई थी
यकायक बेरहम पतझड़ बन क़यामत ढाई क्यों?

जब मैं तेरी याद में चंद आख़री साँसे ले रहा था
तेरी मांग में ग़ैर के हाथों से सिन्दर क्यों?

अब, जब मेरा बदनसीब जनाज़ा उठ रहा है,
तेरी बेदर्द आँखों में ये आंसुओं की नमी क्यों?

***

तेरी नशीली नज़रें

माना कि है रश्क-ए-गुलज़ार तू ज़रूर
मेरे दिल-ओ-जां का है तू सुरूर
ख़ता ये किसी और की नहीं
तेरी नशीली नज़रों का है क़ुसूर

***

तू माँ है

अपनी बेशुमार नींदें गँवाके हर रात मुझे सुलाया है।
अपने हिस्से का निवाला बेझिझक मुझे खिलाया है।
अपने सूखे वक्ष को भी निचोड़ कर बूँद बूँद अमृत का पिलाया है।
अपने फटे वस्त्र दुनिया से छुपाकर नए वस्त्र मुझे दिलाया है।
अपनी निरक्षरता को भुलाकर उच्च शिक्षा मुझे दिलाया है।
अपने त्याग, ममता, और परिश्रम के ज़रिए सच्ची स्त्री से मिलाया है।

तेरे लिए कुछ भी कहूँ, कम है।
तेरे लिए कुछ भी करूँ, कम है।
तेरा पलड़ा सारी कायनात से भी भारी है।
तेरे लिए सारी दुनिया पराई है एक मेरे सिवा।

पर तू कुछ मांगती कब?
केवल देना जानती है तू।
तू माँ है, न।

***

यादों की लाशें

बनाया तुमने अपनी ख़ुशियों का महल
हमारी मोहब्बत की यादों की लाश पर।
तुम्हारी खुशियां मुकम्मल होंगी कैसे, जब
उस की हर ईंट तले मेरे दिल के टुकड़े जो हैं?

***

ख़ुदा से दुआ

जिस इनसान को या चीज़ को पाने के लिए हम ख़ुदा से दुआ मांगते हैं, उसे खोने के बाद भुलाने की ताक़त के लिए भी ख़ुदा से दुआ हम ही मांगते हैं।

***

किसी का दिल इतना भी मत दुखाओ कि दोबारा उस से मिलना हुआ तो नज़र ही मिला न सको.

***

मता-ए-कूचा

समझते थे उसे हम
अपनी ज़िंदगी के बाग़-ओ-बग़ीचा,
हमारे मुस्तक़बिल का ज़र्द दरीचा,
और वो निकला एक बेकार मता-ए-कूचा.

***

तुझ से बिछड़ के हम हम नहीं
कुछ और मिले न मिले, ग़म नहीं
बस, हर जनम में तेरा साथ मिल जाए
वो सारी कायनात से कम नहीं.

***

तेरे बाग़ों की मैं इठलाती बलखाती चल रही सबा हूँ
तेरी मिटटी में जागकर उगकर फलता फूलता वृक्ष हूँ
तेरे बगीचों में खिलखिलाता महकता पुष्प हूँ
तेरे खेतों में लहराते झूमते फसलों का हुँदा शीश हूँ

***

गर बात न बनी तो ज़रूर रखें दूरियां
प्यार हो न सका तो ज़रूर रखें मजबूरियाँ
इनसान इनसान के बीच हमेशा बात बनना नहीं मुमकिन
पर इनसानियत के नाते नफ़रत को न दें मंज़ूरियाँ

***

भारत माता

ओ माई मेरी महफ़ूज़ रहे
तेरी इस्मत पे मेरा ख़ून बहे
तेरी चश्म हमेशा ख़ुश्क रहे
तेरी हर पीढ़ी ख़ुशहाल रहे

***

अंत में और कुछ कोई मायने नहीं रखता, बस मुड़ के देख उन बेशुमार सुनहरे पलों को जो तू ने मेरे साथ बिताए सर्द रातों में ज़र्द सितारों तले, तुझे समझ आएगा तू ने क्या खोया.

***

जुल्फ़ों का शामियाना

कुछ नहीं दिखती है मुझे आप से आगे अब.
ज़रा जुल्फ़ों का शामियाना तो हटाइए मेरे कायनात के ऊपर से.

***

दो आंसुओं की तलब

मैंने तेरे प्यार में सब कुछ छोड़ दिया, मगर तूने किसी और के लिए मुझको ही छोड़ दिया!
तू कुछ और नहीं दे सकता है तो ठीक है, कम से कम दो आंसू तो मेरी क़ब्र पर छोड़ दे.

***

आंसुओं का ख़ज़ाना

फ़िक्र न कर, अब के बाद मैं बिलकुल आंसू नहीं बहाऊँगी. लुटा दिया है मैंने अपने आंसुओं का ख़ज़ाना उन ग़मों पर जो तू ने अता किए.

***

मै और मैं

जिस शहर में हो सरकार तेरी नशीली आँखों की,
उस शहर में क्या ज़रुरत मै की और मैख़ाने की?
मुझको इन दोनों ने पिलाकर शराबी बना दिया,
फिर शराबी होने का मुझ पर इलज़ाम लगा दिया!

***

भंगुर रिश्ते

रिश्ते भंगुर शीशे की तरह हैं,
टूट जाएं तो नहीं जुड़ते।
बाद में लगालो लाख मरहम,
पर पहले जैसे नहीं बन सकते।

रिश्ते नाजुक पौधों की तरह हैं,
ज़रासी लापरवाही से सूख जाते।
वृक्ष बनने के बाद भी,
बिना सिंचाई के नहीं बच पाते।

रिश्तों की क़द्र करलो
नज़ाकत से काम लो
ज़िन्दगी को बंजर न बनाओ
उन्हें प्यार से संभालो।

***

कहो न आस निरास भई - एक प्रेरणा

क्या हुआ गर किसी ने तुझे छोड़ दिया?

कायनात तो रुकी नहीं!

धरती तो थमी नहीं!

तेरी नफ़्ज़ तो जमी नहीं!

सूरज तो फिर भी उग रहा है!

चाँद तो फिर भी निकल रहा है!

तारों का झुण्ड तो फिर भी चमक रहा है!

किसी ने कहा, *"कहो न आस निरास भई...हिम्मत बाँध संभल बढ़ आगे, रोक नहीं है कोई..."*

टूटे दिल के हज़ार टुकड़ों को समेट.

जीना शुरू कर एक नए सिरे से, एक नई लगन से, एक नए जोश से.

रोना बंद कर उन पर जो तुझे धोखा देगए.

जीना शुरू कर उन के लिए जो तेरी तबाही में भी तेरे साथ खड़े रहे.

इतना समझले कि ज़िंदगी ने तुझे एक और मौका दिया है जीने का, न किसी धोखे के फ़रिश्ते पर रोने का.

***

बेनाम रिश्ता

बरसों के साथ के बाद मैंने किया ऐलान-ए-मोहब्बत.
तूने कहा मुझे हुई ग़लतफेहमी, वो थी सिर्फ़ दोस्ती.

कहाँ गुम गईं वो बेशुमार रातें सर्द?
कहाँ छुपगए वो सारे सितारे ज़र्द?
क्यों टूट पड़ी मुझ पे ये नाक़ाबिल-ए-बर्दाश्त दर्द?
क्यों खड़ा हूँ मैं बनके एक शख़्स तनहा फ़र्द??

क्या वो सारे सतरंगी ख़्वाब थे झूठे?
क्यों वो सब पाक क़समें थे टूटे?
क्यों मुझ बदक़िस्मत के नसीब थे फूटे?
क्यों तू बेरहम ने सपने थे मेरे लूटे?

तू ने तो तजवीज़-ए-प्यार-ओ-मोहब्बत ही बदल डाली,
बना दी मेरी पूनम की रात को अमावस की रात काली.
चहकती थीं पंछी बैठ कर मेरी ज़िंदगी के पेड़ पर डाली डाली
आंधी ने तेरे धोखे की उजाड़ दिया पेड़ को ख़ाली ख़ाली.

अब प्यार-ओ-मोहब्बत पर बहस बेकार है
जब तजवीज़-ए-मोहब्बत ही बदल गई है
रह अपनी नई तजवीज़ के साथ सदा ख़ुश, तू जहाँ भी है
मेरा लड़खड़ाता तनहा सफ़र-ए-ज़ीस्त शुरू होगई है

***

हिसाब-ए-ख़ामियाँ

मुझमें फ़क़त खामियां ही गिनती रही तुम सदा।
अब, जब मैं ही नहीं रहा, उस हिसाब-ए-ख़ामियाँ का क्या करोगी?

***

तुझे क्या मिला?

किया तो किया दिल-ओ-जां से किया इश्क़ तुझसे
पाया तो पाया ज़ख़्म-ए-दिल पाया जो मिला तुझसे
बहा तो बहा ख़ून-ए-जिगर बहा मेरे मजरूह दिल से
चला तो चला अंगारों पे चला तेरी बेवफ़ाई की वजह से।

मिला तो मिला तुझे नतीजा क्या मिला?
एक ज़ख़्मी दिल, एक सपना चूर चूर,
एक इनसान टूटा, एक शख़्स सदा मजबूर?

दिल के टुकड़ों से प्रेम नगर बनालेगी क्या?
सपनों की ख़ाक से दुनिया आबाद करलेगी क्या?

जो भी हों तेरी कोशिशें, ख़ुदा से मेरी दुआ है कि
तेरी कोशिश-ए-बेहूदा में भी तुझे काम्याबी ही मिले।

***

फ़ितरत-ए-मोहब्बत-ओ-बेवफ़ाई

आया नहीं था मुझे करना एक मोहब्बत के सिवा तुझ से
आया नहीं था तुझे करना एक बेवफ़ाई के सिवा मुझ से
मजबूर था मैं, मजबूर थी तू
फ़ितरत थी अपनी, अपनी.

***

तेरी पलकें

मोहताज हैं तेरी पलकों की फड़फड़ाहट की मेरी धड़कनें।
झुकने से उनके ये थमतीं, उठने से उनके ये चलतीं।
ये कैसा करिश्मा है, कोई चीज़ अपनी होकर भी नाचती है इशारों
पे दूसरों के!

***

ख़ुश्की

कभी कभी मेरा जीवन यूँही ख़ुश्क लगने लगता है।
पता नहीं ग्रीषम ऋतू की गर्मी से या प्रियतम से विरह के दुःख से।

***

नाकाम खोज

तेरी फ़ुरक़त के ग़म को भुलादूँ ऐसा नशा इस दुनिया में नहीं।
धुंधलाती आँखें लिए ढूंढ रहा हूँ पर तू न मिली कायनात में कहीं।

***

माशूक़ की खोज में

ढूंढता था जिसे मैं कहकशां की राहों में
महसूस किया था जिसे क़ुदरत की पनाहों में
बेइल्म था कि वो मेरे क़रीब ही थी
झांक कर देखा तो पाया उसे अपनी ही निगाहों में।

***

औसत इनसान

नहीं हुआ मायूस तेरे इनकार-ए-मोहब्बत से मैं
वाक़िफ़ था अपनी औक़ात-ए-मुफ़लिसी से मैं
फिर भी उम्मीद-ए-इक़रार करता था तुझ से
क्या करूँ, दर्जा-ए-औसत का इनसान हूँ मैं

***

कुसूरवार कौन?

जब से तू मुझ नाचीज़ से गई है घुलमिल,
तब से हम अपने आप से हो गए हैं ओझल।
तेरी नज़र-ए-इनायत है हमारा कुसूरवार,
जो बैठे हैं हम अपने दिल-ओ-जां हार।

***

शिकवा-संजी

अफ़सोस, प्यार करके निभाना न आया तुझे।
क्या करूँ, प्यार करके भुलाना न आया मुझे।
फिसल गई हाथों से तेरे कारण हाथ आई जन्नत,
मगर, ख़ुदा से भी शिकवा-संजी न भाया मुझे।

***

जज़्बों की बर्बादी

सवाल ये नहीं कि तूने अपना "क़ीमती" वक़्त मुझ मुफ़लिस पर ख़र्च किया. ग़म ये है कि मैंने अपने बेशक़ीमत जज़्बों को तुझ नाक़ाबिल-ए-इश्क़ पर बर्बाद किया.

***

ख़ामोशी बोली

मेरी मोहब्बत का जज़्बा कैसे तुझे पेश करूँ?
कैसे मेरे इश्क़ का एहसास तुझसे बयां करूँ?
जान कर भी अनजान बन तेरी शोख़ी सता रही है।
बोल पाता न चुप रह सकता, करूँ तो क्या करूँ?

मेरी मुरादों के ख़्वाब कैसे तुझे पेश करूँ?
कैसे मेरी तमन्नाओं के सपने तुझसे बयां करूँ?
समझकर भी नादान बन तेरी अदा तरसा रही है।
बोल पाता न चुप रह सकता, करूँ तो क्या करूँ?

मेरी नींद से भागी बेशुमार रातें कैसे तुझे पेश करूँ?
कैसे बेदार रातों में चूर मेरे नाकाम अरमान तुझसे बयां करूँ?
देख कर भी तेरी बेरहम अनदेखी तड़पा रही है।
बोल पाता न चुप रह सकता, करूँ तो क्या करूँ?

***

जब मैं न रहूंगा

कुछ आंसू बहालो
कुछ सोग मनालो
फिर उठकर ग़म से
अपनी ज़िंदगी जीलो.

जब मैं न रहूंगा...

कुछ सत्य पहचानलो
कुछ नियति अपनालो
फिर उभरकर यादों से
सौगातों को कुबूल लो

जब मैं न रहूंगा...

कुछ खुशियां बाँटलो
कुछ हँसियां फैलालो
फिर चश्म की नमी से
जीवन का धुन बदललो

जब मैं न रहूंगा...

कुछ चल चल के रुकलो
कुछ रुक रुक के बढ़लो
ज़िंदगी चलती रहेगी
उसकी धारा में बहलो

जब मैं न रहूंगा...

***

ज़रदार और मुफ़लिस

मैं इनसान था ऐसा जो हर एक की तकलीफ़ में सहारा बन खड़ा हो गया।

पर, जब सदमों का पहाड़ मुझ पर टूट पड़ा, अपने आप को अकेला पाया।

रंज नहीं अपने किए पे जिसने मुझे इनसानियत का ज़रदार ठहराया।

अफ़सोस जताता हूँ उन से जिन्हें ख़ुदा ने जज़्बों के मुफ़लिस बनाया।

***

प्यार की शमा

मुझको धोखा देकर चली गई,
मेरा दिल तोड़कर निकल गई।
अब तेरे पछताने से क्या फ़ायदा,
जब मेरे दिल में प्यार की शमा बुझ गई?

***

गदर

उलझ चुके हैं हम इन झूठे बंधनों में इस कदर
चाहिए हमें ईश्वर प्राप्ति के लिए एक गदर

***

बेरहम तक़ाज़ा

ओ बेरहम, और बता क्या है तेरा तक़ाज़ा?
काफ़ी नहीं क्या उठना तेरे आशिक़ का जनाज़ा?

दर्द ही सही, कुछ तो दिया तूने
धोख़ा ही सही, कुछ तो किया तूने
बदनसीब आशिक़ हूँ तेरा
किसी लायक़ तो समझा तूने।

***

माँ

तपती धूप में वटवृक्ष की छाया है तू।
मूसलाधार बारिश में गोवर्धन परबत है तू।
ज़िन्दगी के रंज-ओ-ग़म में जिगरी यार है तू।
असहनीय दर्द का एक प्रभावी मरहम है तू।
जीवन के अंधकार में एक उज्जवल दीपक है तू।
नदिया में डगमगाती नैया के लिए शांत साहिल है तू।
ज़िन्दगी के अनुभव के उड़ान में विशाल गगन है तू।
चक्रवात की तेज़ हवाओं में सुरक्षित आश्रय है तू।
महत्वहीनता से यदि मैं मैं बना तो उसका कारण है तू।
अब तुझे किस नाम से पुकारूँ मैं? बस इतना कहूँ की मेरी माँ है
तू।

***

अब नहीं

अब नहीं आते मन में तेरे ख़्याल
अब नहीं जगते ज़हन में तेरे तसव्वुर
अब नहीं दिखती आँखों में तेरी तसवीर
अब नहीं चलते नींदों में तेरे ख़्वाब

अब नहीं...

अब नहीं चूमतीं क़दमों को मेरे तेरी गलियां
अब नहीं गूँजतीं कानों में मेरे तेरी प्यारी गालियां
अब नहीं महकते तेरे गुलाबी गालों से मेरे बागों के गलियारे
अब नहीं चहकते पपीहे बैठे पेड़ों पे नदी किनारे

अब नहीं...

अब नहीं तू ज़िन्दगी में मेरी, हो गई रुख़सत
अब नहीं मेरे नसीब में सिवाय तेरे ग़म-ए-फुर्कत
अब नहीं जीवन में बेइंतहा अश्कों से फुरसत
अब नहीं है तू हयात में, निगल गया मुझे अँधेरा-ए-कायनात

अब नहीं...

कुछ दृश्य

दृश्य - १ - अंततः

तेरी बिदाई के बाद पहली बार आया हूँ तेरी गली में।
सुना है तू मायके में आई हुई है।
लेकिन ये हलचल कैसी तेरे घर के सामने?
तेरी मांग का सिंदूर कहाँ गया?
तुझ से कुछ पूछ रहा हूँ।
तेरे सामने खड़ा हूँ। तू क्यों नहीं देख पा रही है मुझे?

***

दृश्य - २ - मिथ्या

मैं: यार, अब मुझे एहसास हो गया।
दोस्त: किस बात का?
मैं: मेरी सारी दुनिया, मेरी सारी ज़िन्दगी, सब कुछ मिथ्या है।
दोस्त: काफ़ी फिलोसोफिकल बन रहे हो।
मैं: अरे नहीं, मिथ्या मेरी गर्लफ्रेंड का नाम है।

***

दृश्य - ३ - ब्रेक-अप

"तुम से ज़रूरी बात करनी है।"
"हाँ, बोलो।"
"मैं तुम्हे छोड़ रही हूँ।"
"शक था कुछ पक रहा है, सच निकला।"
"अलविदा।"
"पछताओगी।"

कुछ साल बाद...

"तुम से ज़रूरी बात करनी है।"
"हाँ, बोलो।"
"क्या हम फ़िर से एक साथ हो सकते हैं?"
"जो वादा किया वो निभाना पड़ेगा।"
"निभाऊंगी इस बार।"
"माफ़ करना, मेरी पत्नी इंतज़ार कर रही है। उससे वादा किया था ज़िन्दगी भर साथ निभाने का।"
"मगर...?"
"अलविदा।"

***

दृश्य - ४ - एक प्रेम कहानी

एक पहली नज़र
एक पहली डेट
एक पहला प्यार
एक बॉयफ्रेंड
एक गर्लफ्रेंड
एक रिलेशनशिप
एक फिजिकल रिलेशनशिप
एक लिव-इन रिलेशनशिप
एक प्रेगनेंसी
एक ब्रेक-अप
एक टूटा दिल
एक तबाह ज़िंदगी
एक प्रेम कहानी

***

दृश्य - ५ - मैंने प्यार किया

वो: तुम ने कभी किसीसे प्यार किया?

मैं: हाँ।

वो: तो क्या हुआ? वो कहाँ है?

मैं: वो अब मुझसे सवाल पूछ रही है।

वो: कैसा सवाल?

मैं: यही कि, क्या मैंने कभी किसीसे प्यार किया?

***

दृश्य - ६ - मैं नशे में हूँ

पत्नी: तुम फ़िर पीकर आए हो?
पति: आज मैं बहुत ख़ुश हूँ
पत्नी: क्यों?
पति: मुझे प्रमोशन मिला

अगला दिन...

पत्नी: आज फ़िर पीकर आए हो! तुम रोज़ पीकर आते हो!
पति: आज मैं बहुत दुःखी हूँ
पत्नी: क्यों? आज क्या बहाना है?
पति: गांव में मेरी परदादी गुज़र गई

अगला दिन...

पति: ये क्या? तुम दारू पी रही हो?
पत्नी: क्योंकि, मैं बहुत कन्फ्यूज्ड हूँ
पति: क्यों कन्फ्यूज्ड हो?
पत्नी: मुझे समझ नहीं आरहा कि मैं ख़ुश हूँ या दुःखी
पति: मगर क्यों?
पत्नी: क्योंकि मैं तुम्हे छोड़कर जा रही हूँ
पति: डार्लिंग, मैं प्रॉमिस करता हूँ आज से कभी नहीं पीयूंगा
पत्नी: अच्छा, चलो इसी ख़ुशी में एक एक पेग होजाए?
पति: @#$%^&*

***

दृश्य - ७ - सौदेबाज़ी

पिज़्ज़ावाला: सर, ये लीजिए आप का पिज़्ज़ा

मैं: आप ने एक्स्ट्रा चीज़ डाल दिया है न?

पिज़्ज़ावाला: जी हाँ

मैं: ये लीजिए आपका १५०० रुपये

पिज़्ज़वला: धन्यवाद, सर

कुछ देर बाद...मट्केवाली दुकान...

पत्नी: भैया, ये मटका कितने का है?

मट्केवाला: बहनजी, २०० रुपये

पत्नी: ये लीजिए २०० रुपये

मैं: ये क्या? जितना माँगा देदोगी क्या? कुछ बार्गेन नहीं करोगी?

पत्नी: पिज़्ज़ावाले को बिना बार्गेन किए १५०० देते समय ये नहीं सोचा था आपने?

मैं: सॉरी, तुम ठीक कहती हो

पत्नी: भैया, लीजिए आपके २०० रुपये

मट्केवाला: धन्यवाद, बहनजी

***

दृश्य - ८ - क़ीमत?

शालीनता को बचाने के प्रयास में अपनी खुली nightie को ऊपर और नीचे अपने हाथों में पकड़कर, उस ज़ोरदार थप्पड़ के प्रभाव से मैं दो तीन क़दम लड़खड़ाकर फ़र्श पर गिर पड़ी।

"अब कभी भी मेरे घर में क़दम रखने का भी मत सोचना।"

वो उनके जीवन में मुझ से बोले गए आख़िरी शब्द थे।

अब, तीस साल बाद, मेरे परिवार, बंधु, मित्र, परिजनों से घिरा हुआ उनका निर्जीव शरीर फ़र्श पर लेटा हुआ है।

वो मेरे पिताजी थे...हैं...मेरे प्यारे पापा जिनको मैं ने पिछले तीन दशकों में देखा तक नहीं।

मैं उनके निर्जीव पैरों पर गिरकर फूट फूट कर रोई।

आंसुओं में डूबी नज़रों के सामने मुझे बस वो एक मंज़र दिख रहा है। तीस साल पहले मुंबई में मेरे ऑफ़िस के सहकर्मचारी के साथ मेरे गुप्त live-in relationship के बीच अचानक मेरे पापा ने क़दम रखा था।

शोर शराबे के बीच मेरी माँ ने अपनी कोमल आवाज़ में मुझ से पूछा, "क्या ये सब इस क़ीमत के लायक था?"

मेरे पापा के अंतिम शब्द मेरे ज़ेहन में ता-ज़िन्दगी गूंजते रहेंगे।

"अब कभी भी मेरे घर में क़दम रखने का भी मत सोचना।"

***

दृश्य - ९ - पैसा या प्यार?

(ये चुटकुला मैं ने अपने कॉलेज के दिनों में कहीं पढ़ा था, क़रीब ५५ साल पहले। शब्दावली मैं अंतर हो सकता है। आप के साथ शेयर करना चाहता हूँ)

मैं: मेरी पत्नी मुझे अक्सर HANDSOME कहती है

दोस्त: तू बड़ा लक्की है, यार

मैं: जब भी उसे पैसों की ज़रुरत पड़ती है वो hand some कहती है :(

दोस्त: @#$%^&

***

दृश्य - १० - पेचीदा तलाक़

(ये चुटकुला मैं ने अपने कॉलेज के दिनों में कहीं पढ़ा था, क़रीब ५५ साल पहले। शब्दावली मैं अंतर हो सकता है। आप के साथ शेयर करना चाहता हूँ)

सीमा: रीमा, मैं रमेश को तलाक़ देना चाहती हूँ

रीमा: ठीक है, अपने वकील से संपर्क करो न

सीमा: किया था

रीमा: काया कहा था वकील ने?

सीमा: मैं कन्फ्यूज्ड हूँ, यार

रीमा: क्यों?

सीमा: वकील कहरहा था कि तलाक़ देनेसे पहले रमेश से शादी करनी पड़ेगी

रीमा: #$%^&*

***

दृश्य - ११ - वादा-हक़ीक़त-निष्कर्ष-क्या?

वादा: बार बार हम दोहराते थे, "हम तुमसे इतना प्यार करते हैं कि तुमहारे बिना जी नहीं सकते!"

हक़ीक़त: उनको गुज़रेहुए कई साल बीतगए। हम अब भी ज़िंदा हैं।

निष्कर्ष: या तो हम झूठे थे, या फिर हम ज़िंदा नहीं हैं।

क्या?

***

दृश्य - १२ - आख़िरी पन्ना

"दिल की किताब के पन्ने पे मैं ने तेरा ही नाम लिखा है। तू इसे फाड़कर जा रहा है?"

"कोई बात नहीं। दूसरे किसी पन्ने पे किसी और का नाम लिखले।"

"उस किताब में एक ही पन्ना था। बाक़ी सब मैं ने पहले ही फाड़ दिया था। अब न कोई पन्ना न ही कोई किताब। रहेगा तू कहीं, किसी के दिल में रहे ख़ुश। अलविदा।"

***

दृश्य - १३ - अदृश्य दृश्य

पति: "तुम ने हमेशा मेरा साथ दिया, सुख में, दुःख में, ग़रीबी में, अमीरी में..."

पत्नी: "अब चुप भी हो जाओ। वादा किया था एक दुसरे से अपनी शादी में अग्नि को साक्षि मानकर, तो कैसे नहीं देती तेरा साथ?"

पति: "अब भी तुम अपना वादा निभा रहीं हो, thank you, darling, I love you!"

पत्नी: "I love you, too, sweetheart, अब वाकिंग जारी रखें?"

पति पत्नी के कंधे पे हाथ रख कर चलने लगा गपशप करते हुए। पड़ोस का एक लड़का jogging करते हुए भगल से निकला

लड़का: "Hi, uncle."

पति: "Hi."

लड़का: "ये आप किस से बात कर रहे हैं, और आपके हाथ को क्या हुआ?"

***

दृश्य - १४ - मित्र-दार्शनिक-मार्गदर्शक

लड़की: क्या सोच रहे हो?

लड़का: अचानक एक दिन तुम मेरे जीवन में आगई और मेरी ज़िन्दगी का नक़्शा ही बदल गया।

लड़की: वो अच्छी बात है या बुरी?

लड़का: तुम ही समझाओ। तुम्हारे आने से मुझ दिशाहीन को एक दिशा मिली; छिछोरा था मैं, एक गरिमा मिली; साक्षर ज़रूर था, मगर जीवन ज्ञान प्राप्त हुआ; ज़र-परस्त था, लेकिन संतुष्टि से मन भर गया।

लड़की: और अब?

लड़का: तुम आज भी मेरे पथप्रदर्शक हो।

लड़की: अच्छी बात है न? तो फ़िर तुम क्यों दुःखी लग रहे हो?

लड़का: मुझमें ये अद्‌त परिवर्तन लाकर मुझे अकेला छोड़कर हमेशा के लिए जुदा हो गई हो?

लड़की: यह ही जीवन का सत्य है। इसे स्वीकार करो। आगे बढ़ो। अपने सारे कर्तव्यों को निभाओ। फ़िर, एक दिन मुझ से मिलोगे, हमेशा के लिए।

***

दृश्य - १५ - इस दिल के टुकड़े हज़ार हुए...मगर

अपने दिल के टुकड़ों को ढूंढता मैं भटक रहा था।
अचानक एक सुन्दर सी औरत दिखीं जो अपनी हथेली में ली हुई किसी चीज़ पर आंसू टपका रही थीं।

औरत: "मैं अपने दिल के टुकड़े को ढूंढ रही थी जब ये मिला। कहीं आपके दिल का टुकड़ा तो नहीं?"
मैं: "हाँ, मेरा ही है, लेकिन आज से ये आप का है। संभाल के रखेंगी अपने पास?"
औरत: "हाँ, ता-ज़िन्दगी रखूंगी। मेरा वादा है।"
मैं: "तो, चल पड़ें अपनी जीवन-यात्रा पर?"

हम दोनों की उदासी मुस्कराहट में बदल गई।

***

दृश्य - १६ - आंसुओं की पृष्ठभूमि

पत्नी: मुझे छोड़ के मत जाओ, जी नहीं पाऊंगी तुम्हारे बिना। क्या क्या सपने देखे थे हम दोनों ने इन पिछले सालों में। अब वो सब साकार होने लगे हैं और तुम...

पति: मैं मजबूर हूँ, चाहकर भी कुछ नहीं कर सकता।

पत्नी: क्या क्या वादे किए थे, क्या क्या क़समें खायी थी...जनम जनम साथ देने की...मुझे कभी न छोड़ने की...लेकिन...(रोने लगती है)

पति: इरादे मज़बूत करो। आनेवाली ज़िम्मेदारियों को दृढ़ता से निभाओ। सिर्फ ६ महीनों की तो बात है। फ़िर से तुम्हारे जीवन में आजाऊंगा मैं... दूसरे रूप में...I love you...good bye!

पत्नी के गाल से पति का हाथ बिस्तर पर गिर जाता है बेजान होकर। पत्नी बेहोश होजाती है।

६ महीनों के बाद...नवजात शिशु के रोने की आवाज़।

नर्स: बधाई हो। आप को लड़का हुआ है।

(पत्नी की आँखें आंसुओं से भर जाती हैं)

- - - • - - -

मैं समझ नहीं पाया वो आंसू ख़ुशी के थे या ग़म के...

***

दृश्य - १७ - माँ

कमला: तुम! तुम यहाँ क्या कर रही हो?

अर्चना: (आँखों में आंसू लिए) माँ, तुम्हे दिल का दौरा पड़ा और ये ख़बर आप के पड़ोसी से मिली!

कमला: बेटी, मैं तुमको परेशान करना नहीं चाहती थी। और तुम्हारी मम्मी, वो इस बात को पसंद नहीं करेंगी। क्या उन्हें मालूम है कि तुम यहाँ हो?

अर्चना: हाँ, माँ, उन्हें मालूम है। मुझे यहाँ आने से रोक रही थीं। हम दोनों के बीच सीरियस झगड़ा हुआ पर वो मुझे रोक नहीं सकतीं, मैं अब बालिग़ हूँ।

कमला: फ़िर भी, वो तुम्हारी माँ हैं...

अर्चना: उन्हों ने सिर्फ़ मुझ को जन्म दिया, मेरी असली माँ तो आप हैं।

कमला: ऐसा नहीं कहते हैं बेटी...

अर्चना: क्यों नहीं? उन्हों ने मुझ को जन्म देते ही अनाथ आश्रम की सीढ़ी पर छोड़ दिया था अपने सुखी जीवन के लिए। वो आप ही थीं जिन्हो ने मेरी देख-भाल की, मुझे पाल पोस कर बड़ा किया, ममता,

स्नेह, और प्यार दिया। मैं बहुत लक्की...नहीं, ख़ुशनसीब...थी कि आप उस अनाथ आश्रम में काम करती थीं। मैं आप से दिल-ओ-जान से जुड़ गई थी, जैसे एक बेटी अपनी माँ से जुड़ जाती है। दस साल बाद मेरी मम्मी को मेरी याद आई। कोर्ट में केस दर्ज़ करके मेरी कस्टडी ले लीं। मेरा फूट फूट कर रोना कुछ काम न आया और मैं आप से बिछड़ गई। आप से अलग होकर ये पिछले आठ साल मेरे लिए नरक से कम नहीं थे। मगर मैं कुछ कर नहीं सकती थी, नाबालिग थी न। पर अब मैं बालिग हूँ और अपने जीवन के फ़ैसले ख़ुद कर सकती हूँ।

कमला: (चिंतित) तुम क्या बोल रही हो? क्या कर दिया तुम ने?

अर्चना: मैं ने उनसे कह दिया कि अब से मैं उनका घर छोड़ कर आप के साथ जियूँगी।

कमला: नहीं! ये तुम ने क्या कर दिया? ये तो गंभीर समस्याएं पैदा करेगी।

अर्चना: नहीं, ऐसा कुछ नहीं होगा। दस साल उन्हें मेरी फ़िक्र ही नहीं थी। हमेशा अपना जीवन, अपनी शान-ओ-शौकत, और अपना नया परिवार ही महत्वपूर्ण थे। मैं उनके जीवन में एक एहम हिस्सा थी ही नहीं। वो अब मेरे ऊपर कोई दबाव नहीं दाल सकतीं। क्यों कि मैं अब १८ के ऊपर हूँ। (मुस्कराहट)

कमला: तो आगे क्या?

अर्चना: मैं आप के साथ रहूंगी जब आप डिस्चार्ज हो जाएँगी और आप की देख-भाल करूंगी बिलकुल उसी तरह जिस तरह आपने मेरी देख-भाल की थी। अपनी पढ़ाई ख़त्म कर के एक अच्छी नौकरी करूंगी और हमेशा आप का साथ दूँगी...अगर मुझ को आप अपने साथ रखना पसंद करेंगी तो। (शरारती मुस्कान)

कमला: बेशक। मुझे बहुत ख़ुशी मिलेगी। लेकिन, पहले मुझे तुम्हारी मम्मी को बताना पड़ेगा।

अर्चना: (शरारती मुस्कान) वो आप का सरदर्द है। मुझे तो सिर्फ़ आप के साथ जीना है। तो फ़िर चलें, माँ?

कमला: (दिल खोल कर हँसते हुए) अरे रुको, अभी डिस्चार्ज नहीं हुई हूँ मैं।

माँ, बेटी की खिलखिलाहट से अस्पताल के गलियारे गूँज उठे।

***

दृश्य - १८ - टूटा हुआ विश्वास

बेटी: पापा, माफ़ कर दीजिए, मान जाइए न, पापा, please.

दामाद: हाँ, डैडीजी, हम से ज़रूर ग़लती हुई है. हमें आप लोगों के आशीर्वाद के तले शादी करनी चाहिए थी. मम्मीजी, आप ही समझाइए न डैडीजी को.

मम्मी: सुनिए, कुछ भी हो, अपने ही बच्चे हैं. माना कि ग़लती की है इन्हों ने; बिना बताए शादी करके आ खड़े हैं सामने. लेकिन, दामाद भी कितना अच्छा लड़का है, संस्कारी है. मान जाइए न. माफ़ कर दीजिए इन्हें और अपना लीजिए.

(कुछ मिनटों का सन्नाटा. पापा गंभीर हो कर गहरी सोच में डूबे हुए थे.)

पापा: सब लोग ध्यान से सुनिए. मैं एक ही बार बोलूंगा इस विषय पर. उसके बाद उस पर कोई तर्क या बहस नहीं होगी. समझे?

(सब ने धीमी आवाज़ों में कहा 'जी, हाँ')

पापा: मम्मी ने ठीक कहा. तुम लोग अपने ही बच्चे हो. तुम्हारी माँ पर मेरा अटूट विश्वास हमेशा रहा. उसकी किसी बात को कभी भी नहीं टाल सकता. बिटिया, तुम दोनों की ग़लती माफ़ करता

हूँ. ये तो इस परिवार के दामाद हैं. इनको पूरा आदर और सम्मान मिलेंगे.
(सब लोग ख़ुशी के मारे खिलखिला उठे)

पापा: बिटिया, मुझे दामादजी से या मम्मी से कोई शिक़ायत नहीं. तुझ से भी नहीं...बस अपनी इच्छा के अनुसार, स्वतंत्र रूप से शादी करने के मामले में.

बेटी: पापा, आप क्या कह रहे हैं?

डैडी: चुप. जो कह रहा हूँ उसे ध्यान से सुनो. हर रिश्ता, चाहे ख़ून का हो या मित्रता का हो, एक दूसरे पे विश्वास और भरोसे पे टिकता है. तेरे मेरे बीच का भी ऐसा ही है - बाप बेटी का. तू ने आज तक मुझसे कुछ भी नहीं छुपाई...मेरे वॉलेट में से ५० रूपये बिना इजाज़त के निकालने से लेकर एग्ज़ाम रिज़ल्ट में फ़ेल होने तक. एक अटूट विश्वास था हम दोनों के बीच...जैसे होना चाहिए. मगर आज तू ने वो विश्वास तोड़ दिया. तू ने मान लिया था कि तेरी माँ और मैं तुम्हारी पसंद के ख़िलाफ़ हैं और चोरी छुपे शादी करली. बच्चों की शादी माँ बाप के जीवन में सबसे ज़्यादा महत्वपूर्ण होती है. उसको निभाने का आनंद से तू ने हमें वंचित रखा. तुझे हम पर विश्वास नहीं था. जहाँ विश्वास टूट जाता है वो रिश्ता भी लड़खड़ा कर टूट जाता है. मुझे दामाद से या तेरी पसंद से कोई शिक़ायत नहीं; बिन भरोसे तू ने जिस तरह शादी कर ली उस से इतराज़ है मुझे. मुझ में तेरे अविश्वास पर इतराज़ है मुझे. भरोसा जीवन भर की फ़सल है और इस पर लगातार काम करते रहने की ज़रूरत है. एक बार टूट जाने के बाद, इसे फ़िर से एक पल में नहीं बनाया जा सकता है. दुनिया भर की "मैं तुम्हें माफ़ करता हूं" भी इस परि-स्थिति को सुधार नहीं सकती। ये उस व्यक्ति पर निर्भर है, जिसने इसका उल्लंघन किया है, कि वह टूटे हुए भरोसे को पुनः प्राप्त करने के लिए ईमानदारी और धैर्य से काम करे. बिटिया, हम दोनों

के बीच का जो अटूट विश्वास था उसे तू ने तोड़ा है. तू मेरा विश्वास खो चुकी है. उस विश्वास को फ़िर से बनाना तुम्हारा दायित्व है, मेरा नहीं. जब तक उस का पुनर्निर्माण नहीं होता है तेरे मेरे बीच सिर्फ़ functional relation होगा. मगर तू इस परिवार की बेटी है. ये घर हमेशा तेरा रहेगा. तुम लोगों के आने जाने पर या मिलने जुलने पर कोई पाबन्दी या रोक टोक नहीं होगी. हमारा वादा है.

बेटी: (आँखों में आंसू लिए) ऐसा कब तक चलेगा, पापा? मैं आप की प्यारी बिटिया हूँ.

डैडी: तू उस रिश्ते को शायद भूल गई थी. कब तक चलेगा? हो सकता है एक सेकंड, एक मिनट, एक दिन, एक महीना, एक साल, या कई साल...ये तुम पर निर्भर होगा. कब तक...इसका फ़ैसला केवल मैं करूंगा. एक बात हमेशा याद रखना. किसी चीज़ को तोड़ना बहुत आसान है लेकिन बनाना बहुत मुश्किल है; कभी कभी असंभव भी होता है. अपने पीछे एक अनमिट दरार छोड़ जाता है. मेरा आशीर्वाद आप दोनों पर हमेशा रहेगा.

एक सुदीर्घ सन्नाटा. दामाद सोच में डूब जाते हैं. माँ की आँखों में आंसू भर आते हैं. बेटी हिचकियाँ खाते हुए बैडरूम के अंदर दौड़कर चली जाती है.

***

दृश्य - १९ - कुंवारी (virgin)

कुछ देर पहले सुनंदा की माँ चेन्नई से उसे मिलने आईं. सुनंदा के दिल्ली के अपार्टमेंट में माँ बेटी गपशप करने लगे.

अचानक...

"सुनी... तेरी अलमारी में ये मर्द के कपड़े और अंडरवियर क्या कर रहे हैं?"

सुनंदा घबराहट में हकलाने लगी...

"माँ...वो...फ्रेंड...माँ..ऐसा कुछ नहीं...मम्मी...जैसा तुम सोच रही..."

"क्यों हकला रही है? क्या किया तू ने? किसके कपड़े हैं ये? जवाब दे..."

मम्मी ने सुनंदा का हाथ पकड़कर ज़ोर से खींचा. सुनंदा का नैटी कंधे से पूरी तरह फ़िसल कर कमर तक गिर गई. तब माँ ने जो देखा उसने उस के होश उड़ा दिए और वो चीख पड़ीं.

"तेरे स्तनों पर, कन्धों पर ये दांत काट के निशान? क्या हो रहा है, सुनी?"

डर के मारे सुनंदा रो पड़ी.

"जवाब दे..."

सुनंदा काफ़ी देर तक बिलक बिलक कर रोती रही और माँ जवाब मांगती रही. अंत में अपना सिर झुकाकर सुनंदा ने कहा, "मम्मी, मुझे माफ़ कर दो...**मैं कुंवारी (virgin) नहीं हूँ.**"

माँ को लगा कि अपने पैरों तले ज़मीन फट रही थी. उन्होंने पूछा, "कौन है वो? कब से चल रहा है ये काण्ड?"

"मेरे office कलीग है. एक दूसरे से प्यार करते हैं. डेढ़ साल से एक साथ रह रहे हैं हम...बहुत अच्छा आदमी है..."

"बकवास बंद करो. प्यार करती हो तो शादी क्यों नहीं करली? ये... ये घिनौनी हरकत करने की ज़रुरत क्या थी? मेरी परवरिश इतनी घिनौनी तो नहीं थी..."

माँ बेटी के बीच लम्बे समय तक बहस चलती रही.

अंत में...

"मैं भूखी प्यासी मरजाऊँगी लेकिन आज के बाद तेरे घर में क़दम नहीं रखूंगी. इसी वक़्त वापस जा रही हूँ. अलविदा."

"माँ, माँ..."

***

कई साल बाद...

सुनंदा ने कूरियर का दिया छोटासा पार्सल खोला. पार्सल के अंदर एक चिट्ठी, कुछ कानूनी कागज़, और एक पुराना फ़ोटो फ्रेम था जिस में एक बहुत पुरानी फ़ोटो थी, इतनी पुरानी जितनी सुनंदा की ख़ुद की उम्र थी. फ़ोटो में सुनंदा की माँ सुनंदा को अपने स्तन से दूध पिला रही थीं. सुनंदा की उम्र तब कुछ दिनों की थी.

***

...और चिट्ठी में...

"आदरणीय सुनंदजी,

...मैं चेन्नई के एक वृद्धाश्रम का मैनेजर हूँ... ये ख़त आप की मम्मी के कानूनी आदेश के अनुसार लिख रहा हूँ...अत्यंत खेद, कुछ दिनों पहले *आप की मम्मी का देहांत हो गया*...आदेशों की प्रति संलग्न है...कुछ समय से बीमार थीं...गंभीर अस्थमा...आप को सूचित करने के लिए मना किया था. देहांत के बाद इन कागज़ों को और तसवीर को संलग्न करते हुए सूचित करने का निर्देश दिया था... मुझसे निजी तौर पर एक request किया था...आप के लिए उनका अंतिम सन्देश...*'प्यारी सुनी, तेरी गंभीर ग़लती के बावजूद तेरे लिए मेरे प्यार और वात्सल्य रत्ती भर कम नहीं हुए. ख़ुश रहना अपने जीवन में. अलविदा...तेरी माँ.'*

...आप की मम्मी ने सब कुछ - माकन, ज़ेवरात, FDs, और bank balances - आप के नाम कर दिया. कुछ पुराने कपड़े etc. यहाँ के नौकरों और कर्मचारियों में बांटने के निर्देश दिए थे. आदेशा- नुसार उनका क्रिया कर्म पंडित के ज़रिए संपन्न करवाया गया...

अस्थियों का विसर्जन नदी में किया गया...हमारी सहानुभूति आप के साथ...कई साल आप की मम्मी इस संस्थान में रहीं...उनको हम सब का अश्रुपूर्ण नमन.

आपका भवदीय...राव"

***

सुनंदा को कुछ समझ में नहीं आया. उसके दिमाग़ में माँ के साथ बिताए बेशुमार हसीन पल सैलाब बनकर बहने लगे. वो फूट फूट कर रो पड़ी. उसके कानों में स्पष्ट रूपस से माँ के आख़री लफ़्ज़ शोर मचाने लगे. *मैं भूखी प्यासी मरजाऊँगी लेकिन आज के बाद तेरे घर में क़दम नहीं रखूंगी.'*

बचपन की तस्वीर हाथ में लिए सुनन्दा शून्य भरी आँखों से सामने-वाली दीवार को देखती रही।

***

दृश्य - २० - हवा में उड़ता जाए...

मैं: मुझ पे गुस्सा नहीं आर हा है?

वो: नहीं.

मैं: हमारे बरसों के प्यार को ठुकराकर किसी और से शादी करली मैंने. मुझ से नफ़रत नहीं करते हो?

वो: नहीं.

मैं: मुझे डाँटो, गालियां दो, गुस्सा करो, नफ़रत करो. मुझसे तेरी ये चुप्पी सहन नहीं हो रही.

वो: नहीं.

मैं: इतने अच्छे क्यों हो तुम? इतना प्यार क्यों करते हो मुझसे? किस मिट्टी के बने हो तुम? जवाब दो.

वो: नहीं.

एक हवा का झोंका आया और मेरी हथेली से उसकी चिता की राख उड़ी.

***

दृश्य - २१ - एक उलझा हुआ संवाद

"जितना तुम हमें याद करते हो उतना हम तुम्हें भूल जाते हैं। नहीं, नहीं...जितना तुम हमें भूल जाते हो उतना हम तुम्हें याद करते हैं।"

"तुम क्या कहना चाहती हो?"

"पता नहीं, तुम्हें समझ में आया तो हमें भी बताना।"

***

दृश्य - २२- एक दूजे के लिए

लड़का: Hi, आज का पाठ काफ़ी interesting था। Sir अच्छे टीचर हैं।

लड़की: हाँ, मैं ने इस institute के बारे में अच्छी ख़बरें सुनी। इसी लिए यहां B.A. की वीकेंड ईवनिंग क्लासेस में दाखिला ली।

लड़का: मैं भी। आप कहीं नौकरी कर रही हैं?

लड़की: हाँ, एक डिपार्टमेंटल स्टोर में सेल्सपर्सन की नौकरी करती हूँ, डे शिफ़्ट में। आप?

लड़का: मैं एक यतीम हूँ। मैं एक बड़ासा वर्कशॉप में कार मैकेनिक की नौकरी करता हूँ। सुनिए, मैं आप से कुछ कह सकता हूँ? वादा कीजिए की आप नाराज़ नहीं होंगी।

लड़की: क्य...क्या?

लड़का: मैं आप को बहुत...पसंद करता हूँ। क्या आप...

लड़की: मैं ने आपसे सौजन्यतापूर्वक दो बातें जो करली और आप ने...

लड़का: कृपया मेरी बात सुनलीजिए।

लड़की: ठीक है।

लड़का: पिछले कुछ महीनों से आप को ध्यान से देख रहा था। आप मृदुभाषी, सदव्यवहारी, विनम्र, और मेहनती हैं। मैं आप का आदर करता हूँ और...प्यार करता हूँ। मैं अपना शेष जीवन आपके साथ बिताना चाहता हूँ अगर आप भी मेरे बारे में ऐसी ही भावना रखती हैं।

लड़की: (चुपचाप आंसू बहाते हुए) ऐसा नहीं हो सकता। ऐसा नहीं हो सकता।

लड़का: क्यों? अगर आप हमको पसंद नहीं करतीं तो सच बताइए। इसके बाद मैं इस विषय
पर कुछ नहीं कहूंगा।

लड़की: (आंसू पोछते हुए) ऐसा नहीं कि मैं आप को पसंद नहीं करती; मैं आप को पसंद करती हूँ। पर आप मेरे या मेरे अतीत के बारे में कुछ नहीं जानते। मैं आप के लिए ठीक नहीं हूँ।

लड़का: तो बताइए अपने बारे में।

लड़की: (कुछ पल संकोच करती है) हाल ही तक मैं एक...वेश्या, एक सेक्स-वर्कर थी।

लड़का: क्या? आप मुझ से छुटकारा पाना चाहती हैं?

लड़की: ये सत्य है। सात साल की उम्र में मैंने अपने माँ बाप को खो दिया था। मेरे मामा ने मुझको एक मैडम को बेच दिया था। जब मैं

ने तरुणाई में प्रवेश किया मेरे साथ मारपीट करके जबरन इस धंदे में धकेला गया। तब से...बाक़ी आप जानते हैं। मुझे आज़ादी मिली जब एक दिन पुलिस ने हमारे अड्डे पे रैड मारा। अदालत ने उस मैडम और उसके बाहुबलियों को जेल भेज दिया था। एक परिवी-क्षणकाल के बाद और जीवन कौशल में प्रशिक्षण देने के बाद हम लड़कियों को रिहा कर दिया गया था। अब मुझे ये नौकरी मिली। आप समझ रहे हैं न?

लड़का: जी हाँ, समझ रहा हूँ।

...कुछ दिनों के बाद, एक शाम को, क्लॉसेस के बाद...

लड़का: Hi, क्या आप से कुछ बात कर सकता हूँ?

लड़की: (सन्देहपूर्वक) किस बारे में?

लड़का: मैं ने इस विषय पर लम्बा और गंभीरता के साथ सोचा और एक नतीजे पर पहुंचा हूँ।

लड़की: तो आप मानते हैं की मैं आपके लिए ठीक नहीं हूँ? अच्छा है।

लड़का: बिलकुल उसके विपरीत। आप के ऊपर एक पाप थोपा गया था। वो आप की ग़लती नहीं थी न ही आपने वो रास्ता चुना। आप का दिल पवित्र है। ज़िन्दगी ने आख़िकार जो आपको एक मौका दिया है और आप उसका बख़ूबी इस्तेमाल कर रही हैं।

लड़की: आप क्या बोल रहे हैं?

लड़का: मेरा निर्णय अटल है। मुझे आप के अतीत की कोई परवाह नहीं। मैं आप के भविष्य का हिस्सा बनना चाहता हूँ। अपना शेष जीवन आप के साथ बिताना चाहता हूँ। आप के जीवन यात्रा में आप के साथ क़दम से क़दम मिलाकर चलना चाहता हूं। अगर आप मेरे प्रस्ताव को स्वीकार करती हैं तो मैं अपने आप को भाग्य-शाली समझूंगा। क्या कहती हैं आप?

वाकिंग जारी रखते हुए वो कुछ पल सोचती है... फिर...

लड़की: आप सच में भाग्यशाली हैं (मुस्कराते हुए अपना हाथ बढ़ाती है)

***

दृश्य - २३ - किसे कहूँ?
(एक छात्रा का डिप्रेशन)

(अस्पताल का नज़ारा...कमरे से मम्मी के रोने की आवाज़ आ रही थी)

मम्मी: ये क्या किया तू ने, निम्मी? क्यों किया? क्या कमी रखी थी हम ने?

डैडी: हम इतना प्यार देते हैं तुझे, फ़िर ये...क्यों किया तू ने?

बिस्तर पे लेटे निम्मी चुपचाप रोने लगी

अनिरुद्ध: आंटी, अंकल, मैं निम्मी का क्लासमेट हूँ। उसका बेस्ट फ्रेंड हूँ। मैं कुछ कहना चाहता हूँ, बुरा मत मानना, प्लीज़।

डैडी: बोलो बेटा, क्या कहना चाहते हो?

मम्मी: तुम जानते हो ये सब कैसे हुआ और क्यों हुआ? प्लीज़, बताओ हमें।

अनिरुद्ध: हाँ आंटी, ज़रूर बताऊंगा। ये सब...आप के कारण हुआ।

मम्मी & डैडी: क्या बकवास कर रहे हो?

अनिरुद्ध: क्या आप को मालूम है उसके साथ क्या हो रहा है, वो कितने डिप्रेशन में है?

डैडी: डिप्रेशन! काहे का डिप्रेशन? वो नार्मल है।

अनिरुद्ध: सिर्फ़ दिखती है, अंकल, नार्मल नहीं है वो। कुछ बातों ने उसको बहुत गहरे डिप्रेशन में धकेल दिया है। एक तो क्लास के एक ग्रूप ने उसका बहुत रैगिंग करता है, बहुत तंग करता है।

मम्मी: हाँ, निम्मी ने दो तीन बार कुछ ऐसा कहा था हम से।

अनिरुद्ध: लेकिन आप ने बात को टाल दिया, सीरियसली नहीं ली। बस इतना कहा था कि ऐसा होता रहता है स्कूल में, एडजस्ट कर लेना चाहिए।

डैडी: इस बात का तो मुझे पता ही नहीं था!

अनिरुद्ध: निम्मी मुझ पे बहुत भरोसा करती थी। हर बात मुझको बताती थी। कहती थी डैडी के पास तो टाइम ही नहीं और मम्मी मेरी किसी बात को सीरियसली नहीं लेती हैं। निम्मी भयंकर मेन्टल तनाव में थी।

डैडी: किस बात को लेकर?

अनिरुद्ध: IIT, BITS (पिलानी) को लेकर।

डैडी: What?

अनिरुद्ध: जी हाँ। और इसका कारण आप हैं। उन जैसे इन्स्टिटू-शन्स में एडमिशन के लिए आप ने जो दबाव निम्मी पे डाला था वो उस के बर्दाश्त से बहार था। अच्छे नंबर और अव्वल रैंक लाने के दबाव को वो सहन नहीं कर पा रही थी। मुझ को बोल बोल के रो पड़ती थी। और आप उसकी एक नहीं सुनते थे। आप लोग निम्मी का डर, दर्द, दबाव, और तनाव नहीं समझते थे। आप लोगों को चाहिए वो आप का *नाम रोशन करे*, बस। वो उसके बस की बात है या नहीं इस से आप का कोई सरोकार नहीं।

डैडी: हर माँ बाप अपने बच्चों की उन्नति ही चाहते हैं। हम ने भी वही चाहा तो क्या ग़लत किया?

अनिरुद्ध: चाहने में कोई ग़लती नहीं, अंकल। लेकिन ये जानना भी ज़रूरी होता है कि निम्मी वो कर सकती थी या नहीं। ये तो आप ने सोचा ही नहीं था। बस दबाव डालते गए, डालते गए। और निम्मी डिप्रेशन में दिन-ब-दिन डूबती गई। अंत में उसने मुझ से भी बोलना बंद कर दिया था अपनी तकलीफ़ों के बारे में। नतीजा ये निकला, उसने स्कूल के बाथरूम में फँसी लगाकर अपनी जान देने की कोशिश की।

मम्मी फूट फूट कर रोने लगी और डैडी एक टूटा हुआ खिलोने की तरह कुर्सी में बैठ गए

अनिरुद्ध: अंकल, आंटी, छोटा मुंह बड़ी बात मत समझिये। सब ठीक हो जाएगा। हर बच्चा IIT, BITS (पिलानी) में पढ़ने के लिए ही पैदा नहीं हुआ है। और भी बेहतरीन रास्ते हैं दुनिया में उन्नति के लिए। निम्मी ठीक हो जाएगी। बस, उसके तनाव को समझने

की कोशिश कीजिए और उस पर दबाव डालना बंद कर दीजिए। अपनी पसंद की कोर्स पढ़ने की आज़ादी दीजिए उसे। वो ज़रूर आप का नाम रोशन करेगी। Sorry, अगर मैं कुछ ज़्यादा बोल गया तो।

मम्मी और डैडी ने अनिरुद्ध की ओर मुस्कराते हुए देखा

डैडी: सच में छोटा मुंह और बड़ी बात है। अच्छा लगा। हमारी आँखें खुल गईं।

मम्मी: निम्मी लक्की है कि तुम उसके बेस्ट फ्रेंड हो।

***

दृश्य - २४ - दोस्ती और प्यार

वीणा: अंकित आज भी नहीं मिला। मेरे कॉल्स भी नहीं उठा रहा। मेरा बचपन का दोस्त मेरी शादी में शामिल नहीं होगा क्या?

रीना: मुझे तुमसे कुछ कहना है जो आज तक छुपाया था। अंकित तेरी शादी में नहीं आएगा। वो शहर छोड़ के चला गया।

वीणा: क्या? ये बात क्यों नहीं बताया?

रीना: उसने मुझसे क़सम लिया था।

वीणा: पर क्यों?

रीना: वो तुमसे बहुत प्यार करता है। तुम्हें किसी और की होते सहन नहीं कर सकता है।

वीणा: प्यार? मुझसे? कभी बताया नहीं!

रीना: हिम्मत जुटा नहीं पाया। डरता था आप दोनों की दोस्ती पे बुरा असर पड़ेगा। जब तुम नितिन से प्यार करने लगी तो पूरी तरह चुप होगया।

वीणा: ये क्या होगया? मैं उसकी बचपन की दोस्त हूँ।

रीना: वही तो दिक़्क़त थी। तुम उसको सिर्फ़ दोस्त मानती थी पर वो...। मुझे पता नहीं कहाँ पर दोस्ती ख़त्म होती है और प्यार में बदल जाती है।

वीणा: मेरे बचपन का दोस्त मेरी शादी में शामिल नहीं होगा! इसके बाद शायद मेरी ज़िन्दगी से पूरी तरह ग़ायब होजाएगा। इस बात को मैं कैसे स्वीकार करूँ?

रीना: वीणा, आज एक कड़वी सच्चाई स्वीकार करलो, वार्ना तेरी ज़िन्दगी तबाह होजाएगी। अंकित तेरा बीता हुआ कल था, तुम्हारा वर्त्तमान और भविष्य का हिस्सा नहीं होगा। ये क़िसमत का खेल है। तेरे मेरे बस में नहीं है।

वीणा: *(अश्रुपूर्ण मौन)*

***

दृश्य - २५ - नारीत्व

पत्नी: माफ़ कर दूँ? अगर अब मैं तुम्हें माफ़ कर दूँ तो वो तुम्हारी आदत बनजाएगी। जब से मैं तुम्हारे परिवार में शामिल हुई हूँ तुम्हारी माँ को तुम्हारे पिताजी के हाथों मार खाते देखा...थप्पड़, मारपीट, बेल्ट, और घिनौने शब्दों में गालियां। वो अपनी क़िस्मत समझ कर सब कुछ सहती हैं। वो तुम्हारे पिताजी और माँ के जीवन शैली बन गई। तुम ने कभी एक शब्द भी नहीं कहा अपनी माँ के समर्थन में। आज तक तुमने फ़क़त अपनी बातों से, और पुरुष अहंकार और स्त्री-द्वेष से मेरा अपमान करते थे। लेकिन कल तुम इतना गिर गए थे की मेरे ऊपर अपना हाथ उठाया जब मैं तुम्हें अपनी ग़लतियाँ समझा रही थी।

पति: मैं ने सॉरी कहा था न। ऐसा हो जाता है कभी। वो साधारणसी बात है। हमें उसे भूल कर आगे बढ़ना चाहिए।

पत्नी: देखा, मैं ने क्या कहा था? अभी से वो 'साधारण सी बात" हो गई है तुम्हारे लिए। मगर मेरे लिए वो मेरे आत्मसम्मान और नारीत्व की बात है। अगर अभी मैं इसको माफ़ कर दूँ तो ये हर रोज़ होने लगेगा और तुम अपने पिता जैसा या उनसे भी बदतर बनजाओगे। मैं तुम्हारी माँ जैसी बनना नहीं चाहती। मैं एक ऐसे परिवार में पैदा होके पली हूँ जिस में सदस्यों के बीच प्यार और सम्मान था एक दुसरे के प्रति। यहाँ के हालात मेरे लिए असहनीय हैं।

पति: तो, क्या करलोगी तुम?

पत्नी: मैं तुम्हें छोड़कर जा रही हूँ। अब मेरा वकील बात करेगा तुम से।

पति: वकील? पागल होगई हो क्या? क्या बोल रही हो?

पत्नी: तलाक़ के बारे में।

पति: ऐसा मत करना। मेरे परिवार की इज़्ज़त बर्बाद हो जाएगी।

पत्नी: इज़्ज़त और तुम्हारी! मुझे कोई परवाह नहीं। मैं ने मम्मीजी से भी बात करली। वो भी मेरे साथ जा रही हैं।

माँ: (छोटीसी सूटकेस को खींचते हुए) बिटिया, चलें?

पति: माँ, आप ऐसा नहीं करसकतीं।

पिताजी: बेटा, इन्हें जाने दो। दो दिन में इनकी अक़्ल ठिकाने लगजाएगी और ये घुटनों पे वापस आएंगी।

पत्नी: ऐसा होनेवाला नहीं, daddy जी। लो, कैब आगया। mummy जी, चलिए निकलते हैं।

अपने थोडेसे सामान लिए वो दोनों औरतें तेज़ धूप में अपने सम्मान, गौरव, स्नेह, और आज़ादी की ओर चल पडीं।

***

कुछ सवाल

एक सवाल पूछ सकती हूँ?

सवाल - १

जब जब भी तुम ने मुझ पर हाथ उठाया, क्या तुम्हें अपनी माँ, बहन, बेटी की याद नहीं आई?

***

सवाल - २

जब तुम्हारी माँ, तुम्हारी बहन, तुम्हारी बेटी, और मैं सब महिलाएं हैं, तो मेरे और उनके साथ तुम्हारे व्यवहार में ये घिनौना फ़र्क़ क्यों?

***

सवाल - ३

जब हम दोनों नौकरियां करते हैं और एक समान कमाते हैं, तो ये घरबार को सँभालने का सारा काम सिर्फ़ मेरे ही जिममे क्यों?

***

सवाल - ४

जब भाई और मैं दोनों ही आप के बच्चे हैं, तो भाई को BE और मुझको सिर्फ़ BA पढ़ा रहे हैं क्यों?

***

सवाल - ५

रीति रिवाज़ का बहाना मत बनाइए; ये बताइए शादीशुदा होने के सारे चिह्न औरत को ही प्रदर्शित करना है क्यों?

***

सवाल - ६

जब अपनी माँ, बहन, बेटियों पे बात आती है तो इतना गुस्सा, मगर दूसरों की माँ, बहन, बेटियां "माल", "चीज़", "आइटम", "पिक-अप" होती हैं क्यों?

***

सवाल - ७

कभी अपनी माँ, बहन, बेटियोँ के साथ भीड़ भरी बसों में यात्रा की?

***

सवाल - ८

अपनी ये परंपरा है जब लड़की जनम लेती है तो कहते हैं घर में लक्ष्मी देवी पधारी हैं, लेकिन एक घिनौनी प्रथा आज भी प्रचलित है कि माँ के पेट में ही कन्या भ्रूण की हत्या करदी जाती है, क्यों?

***

सवाल - ९

जब नारी और पुरुष आधा आधा जुड़ कर स्वयं ईश्वर बने हैं, तो आज नारी को पुरुष से समानता पाने के लिए इतना संघर्ष करना पड़ रहा है, क्यों?

***

सवाल - १०

नारी की योनि से ही जन्मी इस दुनिया में स्वयं नारी सुरक्षित नहीं है, क्यों?

***

सवाल - ११

नौकरी करती हुई महिला अपनी शादी के बाद अपनी तनख़्वाह से अपने माँ, बाबूजी, और परिवार को सहारा क्यों नहीं दे सकती है?

***

सवाल - १२

तुम से शादी करने के बाद जब मैं अपने माँ, बाबूजी, भाई, बहन, बन्धु-मित्र, घर, गली, यहाँ तक कि अपना उपनाम भी पीछे छोड़ आई हूँ, तो अब तुम चाहते हो मैं अपना आत्माभिमान भी छोड़ दूँ?

***

लेखक के अन्य शीर्षक

DANCE OF LIFE

KIDNAP

EMBERS OF THE PYRE

MISOGYNIST INTERRUPTED

RACE WITH TERROR

LIVING PAGES (VOL. I)
(A collection of english short stories)

HEARTFELT (VOL. I)
(A collection of english poems)

ज़िंदगी रंग बिरंगी (खंड #२)
(हिंदी कविताओं का संकलन)

BETRAYAL

विश्वासघात